JN409953

님께

표현하는 자유를 본다
가장 큰 소리는 휴식을 한 채
저 먼바다로 가 있다

절영공 미세먼지

절령군 미세먼지

권 형 원 시집

그림과책

■ 시인의 말

나는 영산강 지류인 드들강변에서 태어났다. 드들강 백사장은 "엄마야 누나야 강변 살자"가 작곡된 시적 영감이 충만한 곳이다. 이같이 풍광 좋은 마을에서 나고 자란 것이 나의 마음은 지금도 고향땅 대자연과 마주하며 살기를 바라지만 현실은 미옴 만에 그치고 만다.

나는 무엇보다 시가 좋다. 술도 좋고 사랑도 좋고 친구도 좋다는 생각으로 여기까지 왔다. 좋아하는 술 얻어먹자고 술집에 들어선 적 없고 사랑한 사람, 등 떠밀어 떠나보낸 적 없다. 좋은 사람 좋은 친구들과 더불어 나는 늘 백만장자 부럽지 않게 살았다. 숫자에는 눈감았어도 현실은 늘 차고 넘쳤다. 진정 깎이지 않고 어울리는 내 생의 십시일반이 이날까지의 나를 채워준 화수분이었다.

바라건대 지상의 마지막 날까지 무채색의 평온 속을 거닐고 싶다. 나 자신만의 깨달음에 머물지 않는 영혼의 맑은 피를 詩의 언어로 담아내고 싶다. 세종시의 한 자락에서 햇빛도 달빛도 저물지 않는 양탄자 같은 시의 잔디 위에 누워 하늘 보고 싶다.

이 시집을, 어린 나이의 나를 당신의 무릎 위에 앉히고 한문漢文을 깨우쳐주신 아버님, 불효를 깨닫게 하신 어머님 영전에 삼가 바친다.

발간에 애써주신 손근호 발행인님, 김수현 편집장님, 박효석 회장님, 마경덕 시인님께 감사드리며, 화상치료전문 베스티안재단 김경식 이사장님, 보선의료부문 법무법인 엘케이파트너스 이경권 대표님의 사랑에 감사드리며, 저의 문학적 씨앗에 정신적 지도로 훈바람 주신 김종 교수님, 다도중 김초성, 금호고 김태순 두 분 은사님께 감사드린다.

내 인생에서 공직생활을 바른길로 이끌어주신 권덕철 차관님, 김강립 차관님, 최희주 고문님, 강도태 실장님, 양성일 실장님, 이창준 국장님, 고득영 국장님, 류근혁 국장님, 이기일 국장님, 강민규 국장님, 이형훈 국장님 그리고 임종규 대표님, 병협 송재찬 부회장님 지금도 반갑다고 안아주시는 진행근 원장님, 손덕수, 이순희, 현수엽, 손영래, 이상진, 윤정환, 조신행 과장님과 여러 동료 및 주철, 신재귀, 박종억, 김소연, 송명준을 비롯한 여러 후배님들께 감사와 존경을 함께 드린다.

나의 세상살이에는 늘 함께한 친구들이 있었다. 초·중·고 친구들은 물론이고 논현포럼, 강낭콩, 전보친, 보병산악회, 금강회, 오복회, KGA, 보사우정회 회원들께도 감사하는 마음이다. 친구 명동섭, 김수영, 옥봉, 동진, 동훈, 소영식, 강요한 아우에게는 건강을 응원하는 파이팅을 보낸다.

끝으로 세상은 신산辛酸한데 자신들의 삶을 잘 개척해 나가는 건실한 내 두 아들에게 이 시집으로 깊은 사랑을 전한다.

2019. 9. 28. 진갑일進甲日에

心傳 권 형 원 삼가 씀

차 례

1부

2부

3부

4부

1부

4월
아직은 까칠하지 않은
대지는 청춘의 몸짓으로
아름답게 춤춘다

보리밭

표현하는 자유를 본다
가장 큰 소리는 휴식을 한 채
저 먼바다로 가 있다

가끔 고기떼가
고래에 밀리듯
바람이 가슴을 쓸며
옥빛으로 흘러간다

떠날 종달새 하늘에 있고
모든 친구들은 허리를 기대어
옥빛 반짝임으로 고개를 젓는다

4월
아직은 까칠하지 않은
대지는 청춘의 몸짓으로
아름답게 춤춘다

촌놈

청춘에 매일 부질없이
깎여나가는 수염처럼
너는 내 품 안의 물수제비쯤이었다

농경사회를 동경하는
현세의 처세술은
결코 사랑으로 돌아왔다

속절없이 자라나는
텃밭의 보라색 가지처럼
너의 영혼은 무디었지만

편안한 안식은
늘 함께 살았고

오늘도
내심 어리석음에
뒤뚱거리지 않으려고
정신 차리어
햇살을 향해 나아간다

점령군 미세먼지

꽃들은
큰 장에 서려고
부단히 눈을 깜박여
화려한 하기 축제를 꿈꿨다
눈을 뜨니 일장춘몽이었다

밤새 꽃향기와 미세먼지의 밀고 밀리는
치열한 공중전
꽃향기는 패자가 되어
희뿌연 회색빛 도시에 눌려
신음하고 있다

스멀스멀 접근하는 적들에
꽃들은 힘없이 스러지고
거무스레한 미세먼지의 장막이 쳐지고 있다

덩치 큰 높은 빌딩도 힘 한번 써보지 못하고
점령군 앞에 엎드려 있다

어제 결근했던 해는 여전히 얼굴을 드러내지 않고
오늘도 결근할 모양이다

겨우 맥만 뛰고 있는 하찮은 꽃들만
바닷속 수초처럼
힘없이 향 기포를 내뿜어 올리고
전쟁은 모두 투항하는 분위기다

조신할 것을 명령하지만
차오르는 화에 무진 애를 쓰고 있다

첨탑 위 십자가도 보일락 말락
꽃향기의 남았던 귀가
미세먼지 속에 잠기었다

예쁘던 기상캐스터의 희뿌연 모습에
굴복하기로 맘먹었다

검은색 마스크를 쓰고 거울 앞에 섰다
착한 자연의 향기를 짓누르고
해와 달의 출근을 저지하는 동조자
너는 누구냐?

깊어 가는 봄

화려함에
어둠이 내렸다
연극의 막처럼

어둠은 약속한 시간에 왔고
눈이 피곤한 낮의 친구들은
별 지체 없이 순순히 자리를 내줬다

뻐꾸기는 더 깊은 골짜기로
고요함을 울리고
별 무리는 재 너머로 쏟아져
아카시아 향으로 날아온다

외출 후 방문을 닫은 그녀는
맨손으로 발동기 벨트를 벗기듯
날렵하게 입술을 지우고
거친 자연처럼 변했다

봄꽃들이 조연을 부추긴다
얄밉지 않은 가짜 조연들을
그래도 봄날은 무죄다

아침 전철

전철이 온다
다섯 사람 뒤다

이 정도면 안정권
그래도 앞사람의 뒤통수에 코를 대고
민주 질서 수호를 위해
손가방으로 측면을 방어하고
콩 나물 시루를 지나쳐

혹시 있을
땅콩 껍질 속의 헐렁한 알맹이를 연상하며

가능하면 설 자리에
백팩 맨 키 큰 친구가 없기를 희망하며
문이 열리기를 기다린다

지난봄

꽃잎은 밤새 물들어
동틀 무렵 이슬 씻은 얼굴로
단장을 마쳤다

살랑거리는 바람에 진한 향기 홍안으로
부단히 미소 흘렸다

화시花時
온천지가 진동하는 동안
몇 날 며칠 잠을 설치며 애간장 태우다 쓰러졌다

길게 해가 지던 날 입술은 마르고
사랑이란 순백의 고백들도 메아리로 잦아들어
새들은 날아가고
꽃잎 떠난 가지에 바람이 서성이고 있다

무정하게도 봄날은 무상처럼 갔고
푸르던 호수는 흰 눈썹으로 남았다

새삼 희망을 볼라치면 입지 못할 추억의 낡은 옷으로
오래도록 걸려 있었다

집안의 꽃

아름답고 이쁘다는 꽃들
소만 지나
며칠 새 시들어 간다

그토록 좋아했건만
스 러 지 고
잊히겠지

아름답고 좋은 꽃
시들지 않는 꽃
30년을 봐 왔다

비바람 땡볕에도
꽃 이파리 접지 않는 이쁜 꽃
결코
잠옷이 해진 줄도 모르는
착한 감자꽃

30년은 더 볼 수 있겠지
계절 없이 피어 웃는
고마운 감자꽃

호접란

I

커튼을 젖히면
늘 거기 서 있던 너

닫힌 창문 아래
밤새 낑낑거리는 강아지 마냥
서운해하며
부지런히 붉은 속살을 피웠지

너를 보러
창문을 여니
밤새 단장한 꽃향기가
방안으로 확 밀려온다

샹젤리제 거리에서 맛본
에스프레소 커피처럼
진한 꽃 내음이
머리털까지 야릇한 여운을 준다

비로소 너는 나의 영혼을 빼내 훔치고 있다
보다 더 깊숙이

서로의 심장부를 점령해 가고 있다

Ⅱ

집에 들어와 창가에 놓인 지
5년이 되었다

연중 쉬지 않고
꽃을 피우고 향기를 뿜었다

늘그막한 꼬부랑 줄기에서
환하게 피어나고 있는 꽃잎이
요양원을 드나드는
착한 딸 마음 같다

피어난 꽃잎 너머로
400m 계주 주자처럼
바톤을 받으려고 준비하고 있는
올망졸망 크고 작은 꽃망울들
어김없는 의리에 감탄하며
신뢰를 덧씌운다

6월의 들길

들길에 서면
숨 가빴던 화시는 가고

풀 내음 꽃 내음이 뒤섞여
영혼을 채운다

초록 풍성한 비빔밥이다
풀 내음 가득한 대접에
하얀 꽃 노오란 계란 노른자가 얹혔고

향긋한 참기름을 휘갈겨
미색을 더한다

6월은
떠오르는 아침 해처럼
생욕으로 가득 차다

가을이 왔다

태양이 햇살일 때
영근 땀방울은
청춘의 원두막이었다

그 자리에 사랑을 떨어뜨리고
뒷걸음질 치다 넘어졌다

하얗게 밀려왔으나
다행히 파도는 더 이상 추격을 멈췄다

사랑은 막 노오란 옷을 걸쳤고
햇살은 예리한 시선으로
그녀를 너른 벌판에 세웠다

땀 냄새에 젖어 산길을 내려오는 길에
풍요로운 새들의 노랫소리가 들렸다

간간이 머리 위
사랑한다는 새들을 쫓으며
파란 하늘로 두 팔 벌린 허수아비는
한사코 그녀에게 사랑을 재촉하고 있었다

노인의 언덕

계절의 턱에 앉아
의식하지 못한 채 흘러갔음을 자책하며
어김없이 뒤에서 수군거리며 옷을 갈아입고 있는
그의 귀향을 허용한 채
사그라드는 꽃을 바라보고 있다

잠에서 깨니
사랑이 지났고
시詩가 끝났고
뚜껑 열린 술병 너머로
잦아진 숨소리

툭 불거진 팔꿈치엔
부는 바람과 햇살만이 남았구나

주고 싶던 정 가로막았던
바쁘게 입었던 도시 때 묻은 옷
훌훌 털고

어린 날처럼
자전거 타고 강변을 휘 돌아보고 싶다

그래도 나무 심는 사람이 있다

못 봤다
존경하는
존경받는

없다
존경할
존경받을
상대는 있다
대상은 없다

배려는 없다
흠과 약점은 있다
넘길 생각은 있다
일으킬 마음은 없다

발밑을 공략하여
비탈진 쪽으로
밀어 넘어뜨린다

다행히
주위에는 나무를 심는 사람들이 있다

다시 태어나도

오늘 걷지 않으면
내일은 뛰어야 한다고

그냥 뛰었다

세상 헛살지 않겠다고
마음을 다독이며
머리를 흔들며 춤사위를
밤낮으로 돌아봤다

발이 꼬였다

어쩔 수 없이 소유한 세상의 부조화를
인정하던 날
참된 휴식처인 시인의 마을에 당도했다

엄마 젖가슴이었다
용케 세상에 다시 태어난다 해도
지금의 내가 될 것이다

어차피 나보다

더 잘난 사람 많은 세상
죽는 날까지
그 사람들을 이길 수 있는 길을 알아내지 못했다

비록 한가지 날기 위한 가벼운 영혼으로

인생 육십
시계에서 유턴이다

소망 알 깨기

아침에 눈 뜨면
투명한 햇살을 눈에 담아
하루를 확인하고

또 하루
평화 속으로 나아가고자
기도 앞에 섭니다

소망은
아침을 시작하는
평정에 가까울수록 다가오며

생각이 억세어도 희미해도
이슬처럼 달아납니다

소망은
한시도 마음을 다잡아
잠잠히 온전한 사랑으로
품을 때 일어나며

모르는 새

기쁨으로 다가옵니다

어부에게
새벽안개 걷히는 호수처럼
다가옵니다

주항酒缸 예찬

세상은 누룩 술독이다
귀 대어 보면
수많은 사람들의 소리가 들린다

쉴 새 없이
웃음 터지고
박수치고
방귀 뀌고
소리 지르고

사람들은 생겨나고
생겨나 밀리고
밀리다 터지고
뛰어넘다 터지고
맥없이 스러지고
그야말로 아우성이다

독 안은 이상이었고
만족을 위한 함성이다

플라톤의 동굴 안처럼

진실이었고
사랑까지 얹어주는
다가오는 발소리였다

어느 날
모두가 숨을 거둔 날
걸쭉한 영혼으로 가라앉아
정제된 진한 향기로

인간의 또 다른
소크라테스의 묘한 진리를 위해
상床 위에 오른다

가을을 쓸며

할 일이 생긴 것 같다

화끈거리던
여러 날이 가고
하나씩 물이 바래는
야윈 모습으로
가을이 왔다

봄여름
암팡지게 웃었던 날들은
고운 빛깔로 옷장에 넣었다

금세
고소한 전어 담은 접시가
이 계절을 설레게 한다

그대라고
별수 있겠냐마는
내 가슴이 먼저 물든 걸 어찌하랴?

할미처럼

차곡차곡 챙겨 담고
낙엽을 쓸어야겠다

야무진 대나무 빗자루 집어 들어
휘- 휘-
흙길에 표시 나게
가을을 쓸어야겠다

품으로 다가온 그대
도망가지 못하게

마음에 표시 나게
사랑을 쓸어야겠다

소나기 사랑

감기가 무서워도
때론 소낙비가 내렸으면 한다
흠뻑 비를 맞아보고 싶어서다

누가 보더라도
길을 가다 느닷없이 내리는
소낙비 때문이라고 여길
그런 비를 흠뻑 맞아보고 싶다

지난 시절
빗속을 함께 했던 경험
또렷하고 아련함은
부싯돌을 켜듯
번쩍이는데

기대하던 로또보다
더 불타오를

뺨 한번 맞더라도
우연히 소낙비 같은 사랑을 만났으면 한다

술

ㅅ　사랑과

ㅜ　우정과

ㄹ　눈물이다

일침

아파트 금연

「배란디, 화장실, 실외기실에서 담배 피우지 맙시다
　밖에 나가서 피울 건강 못되시면 끊으시기 바랍니다」

2부

법은 똑바로
선열의 혼 이어받고
국민 모두가 건강하고 행복해야제

노고단

지리산 노고단에 서면
가마솥 가득 밥 끓는 거품
피고 지고 피고 지고 솟아나는 흰구름
가슴 차오르며
두 눈을 가린다

흐르는 흰 구름 사이로
번뜩이는 젖 봉우리
처녀처럼
두 손이 간지럽다

아!
분가루처럼 흩어지는 운무는
나무꾼 콧등을 스치는
선녀의 옷자락인가

넋 잃은 영혼은
그대로 누워

감상에 잠겨
두 눈을 감네

너를 부르고 싶다

너를 부르고 싶다
잔잔히 이는 호숫가
한적한 오솔길
낙엽을 따라 걷고 있는
너를 부르고 싶다

파란 하늘 가까이
코스모스 꽃잎에 다가선
해맑간 너의 뺨에 기대고 싶다

산길 구절초 흐드러지게 핀
영평사 고추잠자리처럼
갈길 잃은 너를 부르고 싶다

가을밤 단풍에 젖은 벤치
커피잔을 움켜쥔 너의 손가락을 감싸고 싶다

꼭 이맘때쯤이면
나도 모르게 너를 부르고 싶다

*영평사 : 세종특별자치시 장군면 신학리에 있는 절

운주사

천태산 달빛 아래
풍경소리 은은한데

이끼 낀 돌계단 위
칠성별은 그대로네

얼마를 누워 있었던가?
솔 향기 속 천년 와불

얼마를 견뎠던가?
비바람 속 천불 천탑

저 와불처럼
세상사 모르고 사는 게
무념이련만

이제나저제나
접지 못한 도읍 꿈

허리 굽힌 승려의
하염없는 목탁소리

하늘 향한 와불은
꿈쩍도 않는데
도암골의 도읍 꿈은 언제나 접을게요?

*운주사 : 전라남도 화순군 도암면 대초리 영구산 기슭에 있는 절

공주는 밤꽃을 좋아한다

공주는
밤꽃을 좋아한다

6월의 공주는
온통 하얀 밤꽃 세상이다

사방 어디를 가도
하얗게 핀 밤 꽃나무 그늘을 벗어날 수가 없다

낮이나 밤이나 밤꽃 향기에 취해
정신을 못 차릴 지경이다

공주는 매일 밤 내려오는 하얀 밤꽃 향기 이불을 덮고
쓰러져 잔다

그토록 울던 뻐꾸기도 진한 밤꽃 향기에 취해
코를 막고 울음을 그쳤다

하지가 되어 밤꽃이 갈색으로 변하면
뻐꾸기는 잠에서 깬다

뻐꾸기 우는 소리에 공주는
밤술 담글 큰 항아리를 준비한다

밤꽃이 필 때면
공주의 골목길은 즐거운 표정들이다

세종 청사

휘날리는 태극기 밑을 지나
용머리로 다가가면
모든 국무 어루만지고
쓸 돈을 짜고 또 세고
거래는 공정해야 스리
농부가 조상이여-
큰 배 가득 실어 띄우고
길 내고 비행기 날고
오염은 안 되지요
국민권익 우선이여-
법은 똑바로
선열의 혼 이어받고
국민 모두가 건강하고 행복해야제
일하는 사람이 최고
산업 발전이 있어야
백년대계 교육이라
행정 없인 안 되어유

늘 국민의 웃음과 행복을 피워내는 곳
한 치 앞 못 본 좁은 도로만 빼면
좋은 곳이라네

세종 공무원

휘날리는 태극기 아래로
바람 부는 쪽
자전거길 두고 걸으면
호수공원이다

머리 싸맨 청춘들
별 빠진 호수 속에 난제를 던져 본다

민심을 돌려가며
닦고 씻고 닦고 씻고
이런저런 생각하다
끝내 내린 결론은
그 별은 저 별이고 저 별은 요 별이다

밀려드는 안개 속에 청사 불빛 희미할 제
머릿속에 서류 넣고 자리를 일어서는
부모님 바람처럼
빛난 옷은 입었다만

언제나 맑은 머리로 금의환향하여
지친 몸 무탈하게 고향산천에 뉘오리

심전 노다지

안개 속에 날아온 화살은
이마에 가슴에 배에 허벅지에 연달아 꽂혔다

온통 몸뚱이는 화살꽂이로 변했다

가슴에서는
붉은 피가 철철 흘러나왔다

피와 함께
내게 담겨 있었던 모든 생각도 빠져나갔다

붉었지만 혼탁한 정의와 거짓
그리고 순결이 뒤범벅되어 밖으로 흘러나왔다

비로소
구멍 난 고무공처럼 쪼그라들었다

밤이 되어
알밤 빠진 밤송이에 이슬 고이듯
영겁의 순리가 하얗게 채워졌다

급기야
완벽한 무채색 하얀 인간으로 변하고 있었다

핏줄이 솟았다
자세히 보니 황금색 핏줄이었다
반짝이는 황금색 줄기를 따라갔다

원시사회였다

평화로웠다
모두들 황금색 시를 내뱉어 읊고
평화로 웃고 비교도 없어
미소지으면 사랑이 되었다

무사 평안했다
내내

요즘도 가끔씩
황금빛 노다지에 들어간다

무등산

비바람 개고 차분한 아침

지엄한 무등의 어깨 위로
찬란한 태양이 솟아오른다

바라만 보아도 알 수 있어요
소리가 없어도 우린 들어요

세월이 흘러도
자꾸자꾸 내려오는 하늘을 보며

숨 가쁘게 더듬는 그리움
누군들 쉬 잊히리오

어둠 속 찬바람 모퉁이 돌아
땀 흘려 일상의 들판에
모든 걸 묻고

웃는 지혜로 나아갈 길
알려주는 산

젊은 금요일

노랑머리 이마에
황금빛 별 붙이고

주머니 속까지 보이는 짧은 바지
시원한 배꼽 셔츠 걸쳐 입고
앞서거니 뒤서거니
터질 듯한 엉덩이

긴 줄 앞서 자리 잡은
부푼 기대감
돌아가는 불빛 아래
자연스런 유유상종
찰떡같은 남창여수

넘쳐 버린 사랑 앞에
놓은 정신 차리고서
문밖으로 나섰더니

아뿔씨,
겁나는 아침 햇살
모두가 나를 보네

하루의 선물

이른 새벽
정갈히 씻고
영혼으로 창밖을 보라

어둠이 서서히 열어지는
대단한 광경을 보라
하늘이
어둠을 내치며 진격해 오고 있다

하루를 이끌어 오고 있다
의심할 것 없이 싸워 이겨
내게 줄 선물이다

태양이 정복해 일군
또 하루
온전히 살아있는
축제를 열고

영혼을
사랑으로 쪼개어
소중히 써야 할 하루이다

민들레

말다툼을 해서라도 떠나고 싶어요
둥근 숨 털을 만든 지 여러 날이 지났어요

매정하게도 바람은 오늘도 오지 않고 있어요
며칠째 외출 중이네요

늦바람이 났나 봐요
지난날 봄바람이 다시 도졌나 봐요
어디에 정신 팔려 놀면서
이젠 하얀 관모는 싫은가 보지요

이젠 그만 참고
행동에 옮겨야겠어요
기다란 목을 세차게 흔들며
나도 바람을 일으켜 봐야겠어요

한사코
바람을 일으켜 구르거나 두둥실 떠서
하얀 민들레꽃 곁으로 가야겠어요

새로운 세상으로 날아가야겠어요

드들강

강바람이 분다

개천산 넘어
한 뜰을 지나온 바람은
강의 얼굴을 군데군데 씻기며
싱그런 소나무숲으로 스며든다

엄마야 누나야 강변 사-알자

물수제비 날리며 꿈 키우던 금모래 톱
뒷문 밖에는 새들의 지저귐

푸르른 추억 속의
옛 사공은 어디 가고

나룻배 매던 그 자리엔
노오란 난초만 무성하다

계란 까먹던 소풍 솔밭은
그대로인데
옛 친구들은 어디 뫼뇨?

능수버들 오계들 신작로엔
흙먼지만 일고 잔다

고춧가루 물 서 말 물속 삼십 리
남평읍 오일장
국수 말아주던 아짐은 어디 갔느뇨?

*드들강 : 나주 남평읍 소재지에서 화순군 능주면 사이의 강 부분으로 영산강 상류로 길이가 4㎞이며, 유역에 발달된 남평평야와 화순평야 등의 주요 미곡산지를 관개한다.
*개천산 : 드들강 앞으로 보이는 화순군 도암면 소재 산(497m)

돌포강

원추리꽃 활짝 핀
절벽 아래로
유유히 흐르는 돌포강

물안개 피어나는 수면 위로
간간이 펄떡펄떡 잉어 튀어 오르고
물 구렁이 나온다는
용바위 위로는
자라 떼 한가로이 몸을 말린다

졸 졸 졸 강비탈 길 따라
학교 가는 길

고개 숙인 키 작은 할미꽃은
오늘도 그대로이네

그 누가 시작했나
물수제비를

내려놓은 책가방은
갈 길 바쁜데

해가 중천 솟도록
퐁당퐁당 숫자만 세네

책가방은 주인의 인물됨을
진즉 아는 터

책가방도
체념한 듯 쉬고 있는데
성공이 책가방에만 있더냐?

모래톱 조개 잡는 재주 덕분에
일찌감치 누이 만나 풋사랑 키운

돌포강은 사랑 키운
전설이 되고
유명한 용봉탕집 사장 됐다네

*돌포강 : 나주시 남평읍 우산리를 흐르는 강

은하수공원1

고요함은 사막처럼
하늘을 향해 서 있다

은빛으로 반짝이는 수많은 사연들
이슬로 내려 꽃을 피우고
안개가 열리며 숲이 차오른다

은하수 다리 너머로
사뿐 가신 임

고단하고 바쁜 세상
고이 접고 돌아서니

그 역사는
평화로운 햇살 되어
이 땅 위에 길이 된다

지척의 고속도로
저긴 바쁜 생
부질없어도 달리는 길
살펴 가시오

가끔 가는 성지

임은
이미 거기에
아주 여유롭게 자리하고 있었다

화사한 꽃이나
천둥 번개로 자리하지 않았다

마음의 중간도 다가오지 못한 너는
결코 임을 볼 수가 없었다

기원으로 채워야 할
너의 생은 오만으로 닳아
바짓가랑이는 헐렁했다

기서
가슴속 감각적 쾌락을 씻고
물 위에 뜬 소금가마가 되어
엎드린 어깨에 포용을 덮고
무한이 존재하는
너른 세상
허용의 바보로 돌아가라

신사역 사거리

바삐 간다

보따리 손에 든 아낙네
한사코 걸음을 재촉한다
남원 가는 고속버스 타러

밀려간다

윤빛 나는 엉덩이 뽐내며
가로수길 쇼윈도우 지나
구애 복잡한 찻집으로

찾아든다

간절한 목마름에
세상 전쟁 중인 베이비붐 개띠들이
매콤한 아귀찜 찐 문 앞으로

흘러간다

뽕밭 지나온 강물은

팽팽한 브래지어 끈 밑을 지나
너른 세상 김포 벌로 흘러간다

부러워라 한강수야
다리 밑 불계지주不繫之舟 되고 싶노라

파도 예찬

태초에 잔잔한 바다를 꿈꾸었다면
말 못할 인간이다

세상 모든 길흉화복을 내이오지 않더라도
낮과 밤의 감사함이 존재해야 했다

바다로 비롯한 일상의 만족이 없다면
얼마나 안타까운 엉망 세상이 될까?

바다는 낮이나 밤에도 일을 한다
끊임없이 밀려오고 밀려가는 건반의 연주

의식을 의식하지 않는 파도의 성실함은
조개 캐는 처녀이다
그대로 지혜이다

이제부터
밖에 세우고 닦자

비록 바구니가 덜 찼더라도
기다릴 줄 아는 인내와

광화문 한복판 가을 같은 라이브 카페에서
마주친 여성처럼 지혜를 맞자

파도를 지나치는 가슴은
안타까운 폭포수나 다름없다

끝이 뵈는
어리석은 바보이다

한 번 더 자세히 보라
파도는 바다 한가운데에도 존재한다

끝에서만 일어서는 게 아니다

그대가 본 파도는
하늘의 한 조각 새털구름처럼

지금껏
내려오는 과거의 전설이라는 거다

간단한 인생

ㅇ 동그란 얼굴로 태어나
ㅣ 서서 일하고
ㄴ 앉아서 일하고

ㅅ 싱싱 달리고
ㅐ 애도 먹고
ㅇ 빙빙 돌다 가는 것

미세먼지 같은 사람

죽을 만치 정직한 사람은
죽고
피하고 싶을 만큼 더러운 사람은
살고

정의의 의식만큼 공헌 의지 없고
불의의 의식만큼 허황된 꿈 많은

밤길을 걸을 때도 이름 낼 것을 생각하고
몽돌 길을 걸을 때는 약자라도 붙잡는

언론에 오르내리는 이름들

책 속의 글은 피하고
숫자만 보는
뭇 사람 이로움보다는
사익을 보는

아! 납덥하다
왜 바라봐야 하는지
오늘도 미세먼지는 창 앞을 서성인다

피난 갓길

가슴 아프다

4.16

세월호 참사

노트르담 대성당 화재

일력을 한 장 더 넘길 걸

정말 가슴 아픈 일이다

잊자니 괴롭고

생각하면 슬프다

세상 날짜에도
피해갈 수 있게 갓길이 있었으면 좋겠다

친구

내게 오라 하지
않아도 좋다

보고 싶다
안 해도 좋다

내가 찾으면
그 자리에 있었다
그도 마찬가지였다

만나면 몇 마디 안부만 물을 뿐
전에 중단된 편안함과 흡사하다

시간이 흘러도
주고받는 마음에 이물이 없다

그냥 친구랑 있음에 좋다
헤어져도
죽지 않고 있어 좋다

바라는 건 그것뿐이다

3부

예리한 유리 파편처럼
파고드는 고통은
모든 평화를 오그라들게 한다

오월의 어머니

눈을 감으면
붙여도 붙여도 원상회복되지 않는 깨뜨린 석고상
찬물에 더운물에 씻어도 씻어도 빠지지 않는
무명옷의 얼룩진 땡감 사국

세상 누구도 받아주지 않을 어리석은 불효는
세월이 흐를수록 더 진하게 가슴을 후벼 판다
왜 그리 돈 없고 힘없는 어머니를 힘들게 했을까?
왜 진정 없음을 깨닫지 못했던가?
죽일 만큼 어리석음이 밉다

죄라면 사시사철 열 손톱 까만 흙 지우지 못하고
차려 주시는 밥
죄라면 나무토막보다 더 굵고 뭉툭하게 닳은 손마디로
안아 주시던 사랑이었던 것을

왜 본체만체했던가?
삼한사온처럼 찾아오는 부실한 치아의 통증
이빨이 퉁퉁 부어 통증이 가라앉기만을
기다리게 했던 어리석은 밤들

밤낮 농사일로 성치 않은 무릎의 저린 고통
졸립다며 제대로 주물러드리지도 못한 이기적인 자식
무엇보다 가슴 아픈 것은
가슴을 송두리째 줄 수 있는 사랑보다
줄 수 없는 무서운 돈이었던 것을
자신이 주는 사랑보다 더 강한 돈에
늘 물러서며 안타까워하셨던
돈 없는 어머니였던 것을
단지 우리 삶의 도구로 생각했을 뿐

어머니가 홀연히 가시고 난 후
뒤늦게 깨달은 차마 다행인 것은 다행인 것은
많이 가진 사람이나 적게 가진 사람이나
모두가 혼자서 가는 길이었고
아무것도 지니지 않은 채 가시는 길이었다

왜 아무것도 없던 어머니를 괴롭게 했을까?
어머니의 존재는 아무것도 아닌
돈보다 귀한 사랑이었음을 이제야 깨닫는다
내가 돈 없다고 힘들게 했던 어머니는
지금쯤 평화의 나라 어디쯤 걸어가고 계실까?

은하수공원2

종점
언덕에 섰다
누구나 올 곳이다

보았다
나를 넣고 보았다

생각했다
오래도록 서 있을
'세종의 꽃'을 바라보며

정녕
애들이 올 것인가?
안 올 것인가?

부끄럽고
하찮은
생각을 해 봤다

*은하수공원 : 세종시 연기면에 있는 장례문화공원
*세종의 꽃 : 은하수공원에 있는 조형물

미안한 새벽

세 시 반

'지학' 시절에도
코피 터지도록 쫓던 잠이었건만
이토록 일찍 깨 잠 못 이룸은 어쩐 일이런가?

일상 뻔하고
별이 올 리도 없는데
동트기 전부터 숫자 세는
마음은 누구의 것인가?

어제로 돌아가
일상을 되짚어보니
마누라한테 알량한 자존심 세운 일 있었구나!

불은 끄는 사람이
현자니라 어머님 말씀 떠올라

늘 기다리는 성모님께 미소 보내고
잠든 아내 이불깃 살포시 당겨 준다

불효부모 사후회

바쁘다며
미루고 미루다
일상이 되어버린
정성이 필요한 보살핌들
추석을 앞두고
새삼 다짐한다

부모님 산소에 가서
막걸리 그득 부어 모시고
울어보기도 하고
웃어보기도 하고
자랑도 해보고
희망도 되뇌어 보고
'세상은 다 그렇습디다' 말씀드려야지

육십이 넘은 지금도
부모님 온기로
부모님 말씀으로
'잘살고 있습니다' 감사 말씀드려야지

해가 갈수록

부모님 산소가 다정해진다

환갑이 넘어야 비로소
속 든 어른이 되는가 보다

지게질

"어여 두단 만 져 보거라"

초보 지게질에
아버님이 단단히 묶어주신 보릿단

몇 걸음 가지 못해
논두렁에 내동댕이

토실토실한
보리 모가지만

댕강댕강 부러져
여기저기 수북하다

행여 들킬세라
주섬주섬 쑤셔 넣고

있는 힘 다해 당겨 묶고
일어섰지만

좁은 논두렁에

땀 밴 고무신은

미끌미끌
위태위태

또다시 몇 걸음 못가
보릿단은 훌러덩

땀에 젖은 목덜미는
보리 가시 덕지덕지

쓰라림은 고사하고
뒹구는 보리단 따라

울고 싶은 내 마음

"지게질도 일찍부터 배워야 혀어"

산행 교훈

공휴일 아침

의견이 달라
혼자 나와 숲길을 걷는다

길옆에 푸르고 고고한 자태의
키 큰 소나무

붉고 굵은 소나무들이
삐뚤빼뚤 잘도 컸다

그 모양새가 멀리서 봐도
아름답고 사랑스러워 보인다

그렇다
꼭 곧아야만 질서는 아니다

서로 개성대로 어울려
상생하는 것이
더 멋진 세상이 되는구나

눈을 감고 걸었다
소나무들이 뭐라고 합창合唱을 한다

그래 얼른 집에 가서
더 아끼고 자상한 남편이 되겠다
모두 잠잠해졌다

봄날의 아픈 사랑

세상의 모든 것
꽃향기마저 외면할 수 있지만
당신의 그리움은 외면할 수가 없습니다

하루하루
솟아오르는 태양처럼
당신을 향한 마음은 절실하지만

오로지 그대를 바라볼 수 있는 창을 냈을 뿐
아직 그대 마음이 들어올 수 있는
창문을 열지 못했습니다

날아가지 않고 나의 창가에 앉아있는
당신을 보며 내 마음을 되뇔 수 있어
아쉽지만 행복합니다

당신의 뒷모습을 따라 걸으며
자칫 당신 앞에 서게 된다면 질식해버릴지도 모를 내가
가끔 하늘을 보는 것은 숨이 막혀 긴 한숨을 쉬는 것입니다

당신 생각은
내게 잠 못 이루게 하는 세상의 제일 큰 고통이지만
그래도 내가 사는 희망입니다

밤새 밤하늘의 별을 보고 아름답게 느끼는 것도
당신이 내 마음속의 별로 자리 잡고 있기 때문입니다

지금 나의 마음은
온통 당신 생각뿐입니다

당신을 좋아하는 고통은
이미 단꿈으로 바뀐 지 오래며
오늘도 더불어 살기를 희망합니다

당신은 날아가지 않는
희망의 이쁜 파랑새입니다

봄날

바람 부는
강변에서 불렀던 노래

누군가 날 부른 소리
웃음 짓고 뛰어나갔더니

언젠가 떠났던 봄날이
사립문 밖에서 웃고 있었네

화사하게 웃는 얼굴
하도 예뻐서

희야야 희야야
봄놀이 가 쟌 다

이 강가 저 산으로
달리며 노래하며
꽃향기 마시며

봄날 항시 있어 다오
꽃 피워다오

내 누이

어렸을 적부터
유난히 수돗가에서 살았다

얼굴을 씻고 손을 씻고

걸레를 빨아
콩기름 칠한 종이 장판을
반질반질 닦던 누이
늘 상 어른들의 칭찬을 독차지했다

라디오 켜진 방안에 가면
외출을 기다리고 있는 단정한 옷들

말끔히 닦인 거울 앞에
잘 세워진 조그만 화장품들

조용히 놓여 있는 시집 한 권
이쁜 내 누이

그녀는 지금 주름진 손을
따스하게 만지고 있는 병원 간호조무사이다

당산나무

예전엔 피곤할 정도로
얘들이 나를 사랑했지
시도 때도 없이 기어오르고
가지에 매달려 타고 내려오고

그넷줄을 메는 놈
하릴없이 돌멩이를 던지는 놈
내 껍질을 박박 긁는 놈
별놈이 다 있었지

숨바꼭질 할 때는
까맣게 푹 패인 내 뱃속에 숨거나
나를 빙빙 돌며 숨곤 했지

하지만 설날부터 정월 대보름이 오기까지는
내 몸에 금줄을 두르고
황토로 금역을 표시해
나에 대한 접근을 막고 나를 보호했지

산봉우리 위 임시 초막에서 기거하며
새벽마다 찬물로 재계목욕 하고

예를 드리는 제사장 외에는 그 누구도
내 근처에 얼씬거리지 않았지

다 어디 갔나?
나 힘들게 하던 놈들

그립다
그놈들의 매달림이
나에게 예를 갖추던
그대들의 선조들이 고마워라

무척이나 외롭고 쓸쓸하구나
나를 찾지 않는 세상이 올 줄이야
제발 내 그늘에라도 앉아다오

불에 덴 슬픔

어이없게도
꽃잎에 튄 뜨거운 화마

예리한 유리 파편처럼
파고드는 고통은
모든 평화를 오그라들게 한다

일렁이는 꽃잎은
허리가 꼬일 듯 슬픔이 되고

눈물과 신음을 삼키며
온통 참회의 시간으로 되돌아간다

일그러진 꽃잎을 바라보며
아픔만큼 아파하는 사람

세심히 꽃잎을 펴는 사람들의
가슴 아픈 사랑이 있다

날마다 환자가 느끼는 고통을
느끼며

웃음으로 돌아오는 날까지
고통 속에 함께하는 사람들

엄청난 고통을 감수하는 사랑 없이는
일그러진 꽃잎을 만지고 세우는 일은
결코 쉬운 일이 아니다

화상 환자는 흔적으로도
미소가 쉽지 않다

흔적을 보지 못하는
우리들의 예전 마음으로

믿지 미소 짓고 다가가
그들을 안아가자

어쩌면
미래 내 자신일 수도 있다는 생각으로

위기 탈출 명령

시간이 남을 때가 있다
어려운 일이다

할 일이 머리에 떠오르지 않고
마땅히 눈에 띄지도 않는다

성취할 것이 없다
엄청 어려운 일이다

사랑도 명예도 돈도
삶의 원동력도
아득히 없다

시간의 흐름이
부는 바람이
강물이 흐르지도 않는다
감당하기 어려운 일이다

노래가 사라지고
사랑도 술도 흥미도
먼발치에 없다

회색 도시가
어느새 무의식 무의미로
삶의 동력을 점령했다

너는 반역자며
너를 도울 우군은 없다

가라
구멍 난 투구도 벗고
처참히 죽을 전쟁 속으로

가서
모두 죽더라도
희미한 삶의 의식은 탈환하라

노년의 지하철

몰랐습니다
정말 몰랐습니다
정녕 갈아탄 적이 없는데
갈아타려고 계단을 오르내린 적도 없는데

노인 칸이라고 합니다
노인 구간을 달리고 있습니다

이제야 알았습니다
남았다는 친구들이 하나둘
제 주위에 모입니다

삶의 현장에 있었던 친구
자식들을 출가시킨 친구들이 모여듭니다

몇 정거장 남지 않았다는 말에
멍하니 창밖을 보는 친구도 있지만
모두 동그랗게 모여
숙의를 합니다

알차게 아름답게

모두 진지합니다

아뿔싸!
한쪽에서는
어떻게 지하철 순환선을 갈아탈 수 없을까
턱도 없는 지혜도 짜내고 있습니다

조계산 친구

조계산 아래
외딴 초가집
맏아들

두툼한 입술
깊고 구성진 목소리

깊은 산속 밭이랑에
두엄지 고 갔다가

니미 못해!
지게 팽개치고
그길로 재 넘고 넘어
기차 타고 서울로
내달린 놈

갈 곳 없어 배회하다
서울역 마당의 모이 쪼는 비둘기

네 신세가 부럽다
너는 걱정 없는 서울 비둘기로다

겨우 찾아든 구로동 친구 자취방
염치없이 며칠 죽치다

노량진 학원 선생 전단지 돌리며
칠판 닦게 된 녀석

서당 개도 삼 년이면
경찰시험 합격하여
족발에 막걸리 사주던 녀석

이쁜 여학생 학원 앞자리 맡아주다가
친구 만들고
각시 만들어
노모 앞에 데려간
효도 아들

야 이눔아,
근데 산속 밭이랑은 누가 일 구노?

믿음 영혼의 환희

다가갈수록
작아지는 초라함
눈 들어 빈 가슴을 열면
가슴에 닿는 까무러칠 기쁨

내려놨던 기억할 세상
입속으로 번지고 번져
알갱이로 터지며
아청색 우주를 향해 간다

희로애락을 곱게 체로 거른 다짐은
부드러운 목 넘김으로
붉은 피에 채워져
합근주 같은 사랑이 영혼에 우뚝 섰다

세월이라는 잎사귀에 숨은 서운함
온데간데없고 달 같은 마음으로
시간 잊은 자유로운 영혼 되어
허공으로 세상을 안는다

먹고 놀 생각

무지개를 끌어와
집 마당에 세우고
항시 무지개 아래서
노닐고 싶다

달을 따다
집 우물에 빠뜨려 놓고
보고 싶을 때마다
한 그릇씩 떠 담아
마시며 놀고 싶다

떠오르는 해를 끌어다
아궁이에 넣어
먹고 싶을 때마다
팥죽을 끓여
동네 사람들과 나눠 먹고 싶다

가끔씩
소나기도 오게 하여
쉬면서 호박전 부쳐 막걸리로
쌓인 정 풀어내고 싶다

형사 박 경장

충혈된 두 눈
일순 초점을 모은다

타는 목마름
진한 위산 냄새
집념이 낳은 불순물이다

재차 확인 후

아!
짧은 탄성

가슴이 뛴다
기다렸던 기다림이다

새-끼 니가
박 경장!

정의라는 이름으로
세상 다양성 구조를 쫓는
자아 실현자

미지근한 체온이 전해지는 수갑
파닥이는 녀석을 일으켜 세우며
“당신은 변호사를 선임할 권리가 있고”

얼마만인가?

잠복 끝.

개구쟁이 왕

반지르르 한 오동나무 올라가
고소한 오동 열매 따 내리기 1등

잔가지 없는 팽나무 올라가
달콤한 노란 팽 열매 따 내려오기 2등

느티나무 올라가
가느다란 가지 타고 내려오기 3등

감나무 올라가
깨뜨리지 않고 홍시 많이 따 내려오기 4등

가죽나무 올라타
우는 매미 잡아 내려오기 5등

밤나무 올라타
알밤 많이 떨어뜨리기 6등

그 누구도 뒤통수에 흉터 있는 형을
이길 자는 없었다

그는 조무래기들의 최고 우상
알밤을 줍는 여자 얘들에게도 최고의 오빠였다

석양에 집에 들어가서는
욕먹고 간짓대로 실컷 두들겨 맞는 엄마의 자식이었다

고향집 어머니

Ⅰ

굵고 거칠어진 손가락에
한사코 거부하는 가락지를
겨우겨우 끼우고

참빗으로 머리 곱게 빗어 넘긴
어머니의
읍내 장 보러 가는 날

연자방아 돌 위에
참깨 보따리 얹어놓고
장터 가는 버스는 언제 올까나?

Ⅱ

단오를 기다리시던 어머니
한잎 두잎 따 담은 하얀 찔레 꽃잎으로
곱게 빚은 찔레꽃 하얀 떡은
차마 손대기 어려운 어머니의 모시 적삼 같았다

아,
눈물 난다

고향 집 떠난 지 30년

풀벌레 웅성거리는
마당에 서면

옛 소중하게 닦고 여닫던 어머니의
장독대가 가슴을 쓰리게 한다

서글픔

형보다 나은
동생이란 말이 있다
내 동생이 그랬다
형보다 너른 이해심 어른스러움이
타고 난듯했다

나를 늘 깨치게 하는
좋은 인품이었다
하지만
거친 세상의 틀에 부딪혀 갔다

세상이 여린 순정을 혼란에 빠뜨려
힘들게 했다
좋은 심성도 비정한 세상은 어려웠다

당연히 천국에는
사랑과 진실만이 있지만

너무 어른스러워
형보다 먼저 간 것 같아
못내 아쉽고 서글퍼진다

어려운 사람들

아무리 맞는 말을 해도
일단 그 말에 동의하지 않는다

아무리 맞는 말을 해도
일단 반대 의견을 말한다

반대 의견이 어려울 때는
그 말을 하는 태도를 탓한다

그것도 없을 땐
자신의 경황없음을 내 걸고 피한다

아이러니하게도
차라리
부족한 말을 할 때는 호응을 보인다

흥미롭게 다가서며
적극적인 호감으로 맞장구친다

당최 모르겠다
세상 앞서가는 사람들의 마음을

4부

허리가 휘도록
모든 이의 구름 되어
더 큰 세계로 인도한다

면회

밤새 그린 무지개
환한 미소가 흐려짐은

달이 차오르고
별이 솟아날 때

진하게 칠해놓은
분홍빛도

문이 열리며 흐려져 감은
웬일일까요?

그댄
푸른 오월처럼
나의 가슴을 채우지만

문 닫는 소리로
자꾸만
빈 가슴으로 남습니다

힘겨운 그댄

6월의 태양처럼
혀를 내보이지만

나의 눈빛엔
너무 짧습니다

그대
그대의 사랑이
모두 동이 나더라도

그대
서성이지 말고
앉아주세요

그리고
예전처럼
순결한 당신의 눈빛을 보내 주세요

완벽한 그림을 그릴 테니까요
한 장만으로

분꽃

밤새 우두둑 내리던 소낙비
아침 되어 분가루 마냥
이슬비로 내린다

밤새 여린 분꽃 잎을 두드리다
힘이 들었나 보다

혹여 지나는 행인에 들킬라
어둠 속에 수줍게 내민 고운 얼굴은
애꿎은 소낙비를 만나 밤새 절구통이 되었다

분꽃은 기다랗게 가슴에 얼굴을 접었고
지친 소낙비는
이슬비로
분꽃을 달랜다

어쩌나 내일은 달이 뜨려나?

그대여,
한시라도 세상 살면서
아침에 나를 만나 사랑했단 말일랑 하지 마소

그대는 시도 때도 없이
내리지만

나는 수줍음 많은
밤에만 피는 분꽃이라네

다리를 배워라

수많은 사람들의
발자국을 견디어
물의 순리를 배려하고
세상 격리를 만남으로 이어주는
참 고마운 이

허리가 휘도록
모든 이의 구름 되어
더 큰 세계로 인도한다

비바람에
목까지 차오르는 거친 홍수
범람의 위협을
다독이며 내보내는 의젓함은
책임감 강한 공장 기술자 같다

오늘도
아이부터 노인까지
수레부터 기차까지
방문자를 품에 안는
너는 세상의 성자이다

예전 너의 가치는
자자손손 내려오던 고장의 가장 큰 숙원
모든 위정자들의
첫 번째 약속이었다

이제 소원 푼 그들에게
너의 수고한 대가를 물으라
모든 다리는 여의도로 오라

외나무다리 뽕뽕다리 배고픈다리 구름다리 출렁다리 하늘다리
모든 교는 이리 다 모여라
금문교 카펠교 타워브리지 브루클린교 하버 브리지 너들도 와라

그대들의 수고한 대가를 묻지 않더라도
묵묵히 봉사하는 그대들의 수고로움을 본 보게 하여라

그대의 허리를 밟고 오갈 때
그들도 국민의 허리가 되겠다고 깨닫게 해 주어라

백일홍의 아침

그대 착한 이여
이제는 자리를 걷어라
오늘도 그대의 가지런한 이빨은
나를 겪허케 했다

초등 운동회 기계체조 스크럼 마냥
하나둘 허리를 숙이는 날이 오기 전
고민스러운 일이지만
그대의 아름다운 치열을 거둬다오

가지런한 입술의 향기와 기다란 목은
나의 정직한 하루를 연장했고
신뢰를 기다리던 정조는
퇴색된 얼굴로 충분했다

아침마다 나누는 그대와의 키스는
온 여름을 혼란케 했다

이제 고개를 돌려도 좋다
오는 해에도 뜨거운 태양은 작열할지니
그저 백일 일지라도

비누

나쁜 놈
나를 사랑한다 내 얼굴 실컷 비비대더니
고린내 나는 네 손발 사랑이냐?

얼씨구 이쁜 놈
내 얼굴 문질러 하얀 거품 부풀리어
그대 얼굴에 바르더니
세상 근심 씻어내고
새하얗게 변했구나

거울 보고 웃는 모습
자두처럼 상큼하다
누군들 나만큼
세상 오물 떨쳐주더냐?

누군들 나만큼
몸 바쳐 희생하더냐?

사람 앞에 서는 이들
나만큼은 못해도
속 좀 깨끗이 씻더라고

기다린 봄비

겨울의 종아리에
차가움 무뎌진 비가 내린다

봄의 첨병인가 보다

정체 불분명한 비가 추적추적 내리어
아직 감기의 잔당들이 바깥에 남아있다며
창문 안에 대기할 것을 명령한다

참고 있었던
"봄비 속에 떠난 사람 봄비 맞으며 돌아왔네"
가슴을 입술로 부른 노래
파르르 떨던 느티나무 가지 끝에 물기가 스미고

내걸려 짜증 내던
꼬마가 내건 가오리연 꼬리가
빗물에 젖어 흐느적거리며
차가운 겨울의 종말을 알리고 있다

그녀를 위해

그녀를 알고부터
그녀가 달처럼 예쁘고
별처럼 아름다워
혼자 말하는 환자가 돼버렸습니다

달님에게도 별님에게도
좋아한다고 고백해버렸습니다

창피를 무릅쓰고
와달라고 손짓하고
내 품에 떨어져라
소리 지릅니다

내일은
물속에서 달을 건져내고
별아 떨어져라 한들 겁니다

떨어지는 별을 모을
멍석을 깔고
실에 꿰어 내 사랑에 바칠 겁니다
아니 되면 매미채를 휘두를 겁니다

하고 싶소

사방이 만추인데
적나라한 사랑은 빈사 지경

풀 섶 가까이 벌레들의
배부른 저녁 합성이 들린다

신이시여
도와주소서

이 가을에
진정 보여주고 싶소
가로등 불빛에 노랗게 비치는 은행잎을 보여주고 싶소

이 가을에
진정 얻고 싶소
지금보다 온전하게 사랑할 수 있는 지혜를 얻고 싶소

이 가을에
노래하고 싶소
모든 잎이 질 때까지 같이 사랑 노래 하고 싶소

이 가을에
그도 저도 아니라면

내가 방황하는 만큼
빨리 지나갔으면 좋겠오

금은방 보석 반지

어쩔 수 없지만
이쁜 나 자신이 이제 싫어

오늘도 화려한 외출을 꿈꿨는데
나가지 못했어

온종일 여인들의 이 손가락 저 손가락을
비비며 옮겨 다녔지만
이쁘다 하면서도 몇 번이고 망설이다가
모두 고개를 돌렸어

오늘도 깊고 어두운 금고에 갇혔어
그들의 맘을 모르는 것은 아니지만
데려가지도 않으면서

말로만 이쁘다 이쁘다 하는 여인들의 말은
이제 듣기도 싫어

안 되겠어
이젠 빛나는 얼굴에 흰 분칠이라도 하고서
팔려나가고 싶어

출가하여 맘껏 거리를 활보하고 숨 쉬고 싶어
계모임도 다니고 결혼식장도 가보고
우아한 호텔찻집에서
뭇 여인들의 시샘 어린 눈길도 받아보고 싶어

이젠 우리 주인도 미워
이쁘다며 매일 가운데 세워놓고
실컷 만지게 하고 다시 금고에 넣는
담배 냄새나는 늙은 우리 주인이 싫어

제발
적당히 내 얼굴값을 흥정해 줬으면 좋겠어

어떡해
나가고 싶은데
가을 결혼시즌까지 기다려야 된다니

꼭 좋은 주인을 만나
맘껏 내 얼굴을 뽐내며 살 거야

러닝머신 위를 달리는 여자

쿵쾅거림에
온 나라가 출렁인다
각축전이 벌어졌다

서로 튕기지 않으려고
밀고 밀리며
매달려 있다

죽기 아니면 살기다

한사코 안으로 파고들어
떨어지기를 거부한다

궁궐 안에 있는 놈들도
힘이 드는 듯
연신 열수를 뿜어낸다

어떤 일이 있더라도
뻐대 있는 강한 놈들과 연대해

그녀가 바라는

주류主流로 살아남아야 한다

하지만
언니야 언제까지 뛸 거야?

못 참겠다
오늘은 여기서 멈춰 줘

남자들의 점심시간

봄에만
반기는 것은 아니다

시간에 점을 찍으면
우리 눈에 우리 마음에
늘 피울 수도 있다

꽃은 보이기도 하지만
마음의 꽃도 대들보처럼 있다
보면 보여지고
아니 보면 떠오르고

그 시간은 바쁘다
벽에 붙어 앉아
눈을 들면
당기는 그물처럼
뽀얀 살 앞선이 덩실하다

여름은 좋다
반찬 가짓수가 많을수록
코스 음식은 더 좋다

언제나 웃는 초심

속으로 들어가지 마라
밖으로 나오라

그대로 돌아서라
가릴 필요 없다

닮지 않은 쑥스러운 대로
그냥 보이고 웃어라

괜찮다
너의 계면쩍은 웃음은 하늘도 친근하다

심연의 치자색이 최소한의 박지를 얻었다
다시 시작이다
너의 참된 웃음이 멀리건Mulligan을 얻은 거다

소변을 보듯
조심스레 모래 위를 걸어라

세상은 이것이 답이다
세상엔 진짜로 웃지 못하는 바보가 많기 때문이다

세상 살기 쉬운 이유

술 좋아하는 사람들은
술을 자주 산다

또 자주 얻어 마신다
재주가 아니고 터득한 정이다

남의 기쁜 일을 반기는 이는
늘 기쁨 속에 산다

자신의 행운을 맛보며 산다
재주가 아니고 섭리이다

남의 기쁜 일을 애써 외면하는 이들도 있다
칭찬에도 인색하다

손해 보는 양
모른 척 한다
세상도 그를 모른 척 지나친다

얼마나 힘들까?
기쁨을 함께하지 못하는 불편한 외면

얼마나 괴로울까?
욕심으로 피어나는 속앓이

어리석은 질투는
자신의 차례마저 방해한다

남들의 기쁨 다음이
자신 차례인 것을 모르는 바보들이 의외로 많다

세상 살기 쉬운 이유이기도 하다

봄날 커피집 풍경

복실 복실 하얗게 웃던 벚꽃이
불그스레한 빛이 돌 무렵
누이를 만났다

호수가 내려다보이는
창 넓은 찻집

앙증맞게 하트가 내려앉은 찻잔을 앞에 두고
내려다뵈는 잔잔한 호수는
만점 그대로였다

햇살을 가득 안은 호수
바람은 자고
벚꽃 잎은 호수에 잠긴 지 오래다

내 마음 호수를
독차지하고 있을 때
물 위를 차고 오르는 오리 한 마리

2루 베이스에 안착하는 주자처럼
저만치 물 위를 슬라이딩한다

하트를 건드리지 않은 채
커피를 입에 넣었다

호수를 바라보던 누이는
내 얼굴을 빤히 바라보며
변해가는 봄의 꽃잎들을
별 서운함 없이 얘기하고 있다

흰머리 늘어가는 오라버니가 서운해할까 봐
건성으로 봄날을 얘기하고 있는 듯하다

오리는 꽁지를 꼿꼿이 세우고
모가지를 물속에 처박고 있다

뱅뱅 돌면서 모가지를 처박다
물속으로 아주 숨었다

커피잔 속의 하트가 일그러진 채
입안으로 들어왔다
부드러웠다

"오라버니,
이번 주말 도시락 싸 갈 테니
언니랑 밖에 한 번 나가요."

챙기지 못한 봄날이 미안했나 보다

호숫물 위에 우뚝 선 오리가 좋다며
힘차게 두 날갯짓을 하고 있었다

꽃비

떠날 사람은 다 떠났다
떠날 사랑도 없다

돌아올 사람도 없다
새로 마주할 사랑을 기다린다

봄비도 다 내려
우산 들고 마중 나갈 일도 없다

꽃잎이 다 지고
햇살 한가로운 날 오실 거다

그저 바람에 흩날리지 못한
꽃잎만 서러울 뿐
꽃비는 인정사정이 없다
속칭 물갈이 같다

땅속 새싹과 여린 나뭇잎들이
웅성거리며 채비하고 있다

봄은 벌써 후배들에게 초록을 이양하고 있었다

희망

이른 아침
하루를 위해 희망을 펴 본다

닫았던 창을 열고
뒤 쪽문도 활짝 열고
어제와 오늘을 본다

담금질한 열정으로 순수한 가치를 담고
보고픔을 억누른 채
최소량의 법칙으로
나의 바람을 잠가 다가올 미소를 환영한다

너의 말을 되새기면
오래된 의자처럼
등받이가 이물 없다

날마다 순수한 가치를 알아가는
그네 같은 마음으로
하루를 펌프질하고 싶다

놓쳐 버린 사랑

달고도 쓴 계절
지나고 보니
다른 사람의 마음에
하트(♡)를 그릴 수 있는 용기는
겨우 어둠 속에서
그리는 동그라미 연습이었다

사랑은 계절처럼 숙성을 원했지만
호박잎 아래 크는 풋 호박처럼
새벽이슬을 기다리는
늘 망설임은
외면을 의식한 메뉴판처럼
소심했다

굴러와도 가지고 놀 줄 모르는
고무공처럼 통통거렸으며
시간 따라 빠져나가는
자전거 바퀴 바람인 것을

너무 얕게만 얕게만
손을 넣어 젓고 있었다

역지사지 해우소

사랑한다면
조용히 잘 살아주게
가장 고마운 일일세

희로애락은 나에게도 있으며
위로받을 일도 있다네

누구 마음을 얻고 싶으면
살필 필요 없네
그냥 옆 마을 냇가처럼 봐주게

세상은 이심전심이라네

그려 들추지 마소
그대가 들추지 않아도 진리나 정의는
언제나 변함이 없다네

확인하려는 마음이 동 하거든
진정 역지사지에 들렀다 가소

역지사지 해우소에 가서

오래 있다 나오소

손 내미는
밝은 미소가 그려질 걸세

5월 소풍

하루를 열심히 일하는
사람들로부터

비난받고
돌맹이 맞을 만하지만

5월

들길을 걷노라면
산길을 걷고 있노라면

하루쯤 해가 지지 않았으면
좋겠다

꽃

어제까지는
알지 못했는데

오늘
분명 알게 된 것은

나는 너에게
향기를 훔치고 있고

너는 나에게
향기를 주고 있다

우리는 서로

영혼을 홀려
사랑을 하고 있는 게
맞다

삶의 가치를 탐색하는 진중한 시선

마 경 덕(시인)

어느 시인은 우리 시대의 영웅은 슈퍼스타가 아닌 같은 운명을 나누는 동시대 소수자들, 고독한 패잔병들이라고 하였다. 나약한 자들이 벌이는 위험한 싸움터에서 그 싸움이 오로지 나 혼자만의 것이 아님을 알게 되었을 때 "문학의 행복"을 느낀다고 하였다. 읽어주고 공감하고 소통할 독자가 있어 문학이라는 치열한 싸움터로 다시 나설 수 있는 것이리라. 허물어진 돌담의 틈에서 발견한 푸른 담쟁이 한 잎 같은 "작은 파문"에서 시작되는 시 쓰기는 삶의 "진정한 가치"를 만나는 일이다. 그릇된 태도와 의식을 바꾸거나 "선과 악"을 변별하는 "도덕적 의식"이 문학의 힘이다.

백범 김구는 "인류가 불행한 근본 이유는 인의(仁義)가 부족하고 자비가 부족하고 사랑이 부족한 때문이다. 무력도 경제력도 아닌 인류의 정신을 배양하는 것은 오직 문화"라고 하였다. 문화는 물질을 추구하는 문명과 달리 정신적인 것을 추구하는 도덕이나 학문 예술에 속한다. 시인은 밥벌이가 되지 않는 시를 왜 그토록 쓰는 것일까. 시인이 선택한 실패는 세상이 선택한 성공과 어떤 차이가 있을까. 시인은 "더 많이 절망하기 위해" 시를 쓰는 삶의 패잔병들이다. 그 절망이 세상의 어떤 쾌락보다 힘이 세다고 믿는 스스로 패배하기를 자청한 자들이다. 카뮈는 "삶에 대한 절망 없이는 삶에 대한 사랑도 있을 수 없다"라고 했다. 물질은 넘쳐도 정신이 피폐한 시대, 의식체계를 전환하는 절망에 합류한 시인들이 많다는 것에 참으로 다행히 아닌가. 시는 부정을 목표로 하는 부정이 아니라, 없음을 뚫어지게 바라보면서, 없음의 현실을 부정하는 힘, 또는 없음에 대한 있음을 꿈꾸는 건강한 힘이라고 한다. "문학은 권력에의 지름길이 아니며, 문학을 함으로써 큰돈을 벌지도 못한다. 그러나 바로 그러한 점 때문에 문학은 인간을 억압하지 않는다"는 김현 평론가의 말대로 써먹을 수 없음으로, 써먹을 수 없는 힘으로 써먹는 것이다.

필자가 롯데타워 수족관에서 만난 인상 깊은 물고기는 오색찬란한 로봇 물고기였다. 어른 팔뚝만 한 물고기 한 마리가 수조를 우아하게 헤엄치고 있었다. 같은 수조에 갇힌 작은 물고기 떼는 로봇 물고기가 다가올 때마다 이리저리 피해 다녔다. 로봇 물고기는 아무런 해를 끼칠 수가 없지만 그들에게는 위협적인 존재였다. 진짜보다 더 그럴듯한 가짜가 판을 치는 세상을 보는 듯했다. 작은 물고기만 모여 산다면 저 수조는 얼마나 평화로울까. 그러나 그들을 억압하는 로봇 물고기가 사라진다면 수조의 팽팽한 긴장은 사라지고 수조에 갇힌 지루함으로 작은 물고기는 절망감에 지치게 될지도 모른다.

성과가 미미한 시 쓰기도 지치기 쉽고 매너리즘에 빠지기 쉽다. 부딪치고 헤쳐나갈 대상은 타인이 아닌 자신이다. 고정관념을 깨뜨리기 위해선 긴장을 유발하는 로봇 물고기 한 마리가 필요하다. 우리의 예상을 전복시킬 에너지는 "이질적이면서도 동질적 성향"을 함께 지닌 건강한 상상력이다. 권형원 시인의 세상을 바라보고 기록하는 방법에 대해 주목해보기로 하자. 독자는 시인이 전해주는 메시지에 대해, 주변에서 벌어지는 크고 작은 감정의 서사와 그가 만들어가는 세계에 대해 궁금증을 가지고 있다. 권형원 시인은 다

양한 형태로 살아가는 삶의 현장에서 발견한 의미를 연결하여 시를 짓는다. 시인이 집중한 것은 억압하고 강제(強制)한 세상에서 발견한 "진정한 가치"이다. 권형원 시편들은 "사회적 아우라"가 느껴진다. 개인의 문제보다는 사회적 문제를 조명한 시선은 품이 넓고 깊이가 있다. 관찰자의 시선으로 억압받는 자의 심리를 들춰내고 "고통의 실체"와 의미를 찾아낸다. 주변을 탐미하는 이 작업은 "삶의 본질을 탐색"하는 진중한 방법이 될 것이다.

몰랐습니다
정말 몰랐습니다
정녕 갈아탄 적이 없는데
갈아타려고 계단을 오르내린 적도 없는데

노인 칸이라고 합니다
노인 구간을 달리고 있습니다

이제야 알았습니다
남았다는 친구들이 하나둘
제 주위에 모입니다

삶의 현장에 있었던 친구
자식들을 출가시킨 친구들이 모여듭니다

몇 정거장 남지 않았다는 말에
멍하니 창밖을 보는 친구도 있지만
모두 동그랗게 모여
숙의(熟議)를 합니다

알차게 아름답게

모두 진지합니다

아뿔싸!
한쪽에서는
어떻게 지하철 순환선(循環線)을 갈아탈 수 없을까
턱도 없는 지혜도 짜내고 있습니다

–「노년의 지하철」 전문

거듭 "몰랐다"고 한다. 거부할 수 없는 명제(命題) 앞에서 현실을 부정하고 싶은 강한 부정은 강한 긍정이다. 누가 늙기를 바라며 누가 노인석을 원했겠는가. 한 시대 역사의 격랑을 느끼게 하는「노년의 지하철」은 건강 백세시대의 한 단면이다. 지하철 한쪽에 분리된 경로석, 말 그대로 늙거나 약한 사람에게 배려가 필요한 자리이다. "몇 정거장 남지 않았다는 말에/ 멍하니 창밖을 보는 친구도 있지만/ 모두 동그랗게 모여/ 숙의(熟議)를 합니다"에서 볼 수 있듯이 "몇 정거장"은 남아있는 구간을 말하기도 하고 점점 가까워지는 죽음을 암시하기도 한다. 이때 죽음이란 단순히 물리적인 죽음만이 아닌 삶의 중심에서 밀려나 잊혀가는 인식적 죽음도 포함하고 있다. 대책 없이 멍하니 창밖을 보거나 노후대책에 대해 진지하게 논의를 하기도 한다. 알차고 아름답게 노년을 보내자는 의지와 인생의 순환선(循環線)으로 갈아타기를 원하는 욕망들이 함께 노년의 구간을 달린다. 모두 삶의 현장에서 밀려난 쓸쓸하고 위태로운 모습이다. 주름이나 흰 머리 휘어진 다리나 굽은 등은 그동안 치열하게 살아낸 흔적이지만 자식을 위해 희생해버린 껍질만 남은 노후를 누가 책임져 줄 것인가. 온갖 질풍노도의 시간을 보낸 산업역군들, 전쟁을 치른 세대, 가난한 나라의 일꾼으로 외화벌이를 하고 자식도 줄줄이 키워낸 이 땅의 아버지들은 이렇게 빨리 늙음이 찾아올 줄 몰랐다고 탄식한다. 실병과 가난으로 소외된 노년의 모습들, 「노년의 지하철」은 점점 잊혀가는 존재에 대한 질문이다. 시인은 가족을 위해 앞만 보고 달려온 “삶의 명분”을 묻고 있다. 「위기 탈출 명령」에서도 이와 비슷한 맥락으로 이어진다.

시간이 남을 때가 있다
어려운 일이다

할 일이 머리에 떠오르지 않고
마땅히 눈에 띄지도 않는다

성취할 것이 없다
엄청 어려운 일이다

사랑도 명예도 돈도
삶의 원동력도
아득히 없다

시간의 흐름이
부는 바람이
강물이 흐르지도 않는다
감당하기 어려운 일이다

노래가 사라지고
사랑도 술도 흥미도
먼 발치에 없다

회색 도시가
어느새 무의식 무의미로
삶의 동력을 점령했다

너는 반역자며
너를 도울 우군은 없다

가라
구멍 난 투구도 벗고
처참히 죽을 전쟁 속으로

가서
모두 죽더라도
희미한 삶의 의식은 탈환하라

—「위기 탈출 명령」 전문

그저 습관처럼 반복되는 하루의 과정일 뿐이다. 고령사회가 오고 탑골공원에 멍하니 앉아 시간을 보내는 노인들이 늘어난다. 딱히 갈 곳도 할 일도 없다. 육신의 무기력증도 문제지만 마음의 무기력증은 더 심각하다. 남아도는 시간은 삶의 의욕을 저하시킨다. 피하거나 극복할 수 없는 부정적인 상황에 지속적으로 노출된 학습된 무기력감은 상실감에 대처할 수 있는 상황에서도 아무런 시도를 하지 않게 된다. 더 일할 수 있는 나이에도 퇴출을 당해야 하는 비정한 현실, 기계화되어 일거리가 줄어들고 침체된 경기로 인력은 넘친다. 사회적 제도 안에서 쉬 노화해버리는 사람들, 콘크리트로 세워진 회색 도시가 삶의 동력을 점령하고 투구를 쓰고 싸워야 할 대상도 사라진 것이다. 삶의 대열에서 퇴출당한 노인들, 경제 논리 안에서 탈락되어 점점 소멸되어 가는 의식은 어느새 무의식 무의미로 변해간다. “할 일이 머리에 떠오르지 않고/ 마땅히 눈에 띄지도 않는다// 성취할 것이 없다/ 엄청 어려운 일이다// 사랑도 명예도 돈도/ 삶의 원동력도/ 아득히 없다”고 고백한다. 힘차게 가동되던 삶의 엔진이 점점 느려지고 시나브로 속도가 빠져나가는 중이다. 시인은 방치된 고통을 직접 만져볼 수 있는 상황으로 유도해 "눈에 보이지 않는 고통"을 시각화한다. 무기력은 기쁨과 의욕을 빼앗은 삶의 반역자이며 적군이다. "가서/ 모두 죽더라도/ 희미한 삶의 의식은 탈환하라"에서 보여주는 완강한 결심은 살고자 하는 처절한 몸부림이며 자신에게 보내는 약속이다. 위기탈출 명령으로 시인은 삶의 의지를 가동시킨다.

공휴일 아침

의견이 달라
혼자 나와 숲길을 걷는다

길옆에 푸르고 고고한 자태의
키 큰 소나무

붉고 굵은 소나무들이
삐뚤빼뚤 잘도 컸다

그 모양새가 멀리서 봐도
아름답고 사랑스러워 보인다

그렇다
꼭 곧아야만 질서는 아니다

서로 개성대로 어울려
상생하는 것이
더 멋진 세상이 되는구나

눈을 감고 걸었다
소나무들이 뭐라고 합창(合唱)을 한다

그래 얼른 집에 가서
더 아끼고 자상한 남편이 되겠다
모두 잠잠해졌다

–「산행 교훈」 전문

자신이 던진 질문은 결국 자신에게 돌아오는 부메랑이다. 나와 '다르다'는 것을 대부분 '틀리다'로 읽음으로 갈등은 시작된다. 갈등을 안고 혼자 나와 숲길을 걸으며 마주친 굵은 소나무들은 삐뚤빼뚤 각각이다. 나무들도 각자의 방향이 있었다. 소나무의 매력은 휘어짐이다. 기묘하게 휘어져 다시 중심을 잡는 그 풍경은 어울려 상생(相生)하는 모습이었다. 숲을 보며 시인이 눈을 감고 걷는 시간은 "타인의 말을 경청하는" 시간, 즉 닫힌 마음을 여는 성찰의 시간이다. 어울려 서로 숲이 되는 걸 목격하고 꼭 곧아야만 질서(秩序)가 아니라는 걸 깨닫는다. 세상은 그렇게 이 모양 저 모양으로 어울려 살아가고 있었다. 안다는 것과 깨닫는 것은 다르다. 지식에서 한발 앞서 나간 것이 깨달음이다. 남편의 역할을 더 충실히 하겠다는 다짐은 아내의 의견을 받아들인다는 물러섬이기에 나만 옳다던 고집이 물렁해졌다. 권형원 시인은 나름의 이야기를 붙여 승화시키는 작업을 한다. 일상 속에서 벌어지는 흔한 이야기들 들려주고 무엇이 갈등의 원인이었는지 궁금한 독자들은 답을 찾는 과정을 상상하게 된다. 독자들은 시인이 만든 공간에 동화되며 공감하게 된다. 시인은 무심히 흘러가는 일상의 순간을 포착해서 자신만의 시선으로 풀어놓는 스토리텔링은 여운을 지속하게 하는 적절한 방법이다.

세상은 누룩 술독이다
귀 대이 보면
수많은 사람들의 소리가 들린다

쉴 새 없이
웃음 터지고
박수치고
방귀 뀌고
소리 지르고

사람들은 생겨나고
생겨나 밀리고
밀리다 터지고
뛰어넘다 터지고
맥없이 스러지고
그야말로 아우성이다

독 안은 이상이었고
만족을 위한 함성이다

플라톤의 동굴 안처럼
진실이었고
사랑까지 얹어주는
다가오는 발소리였다

어느 날
모두가 숨을 거둔 날
걸쭉한 영혼으로 가라앉아
정제된 진한 향기로

인간의 또 다른
소크라테스의 묘한 진리를 위해

상(床) 위에 오른다

–「주항(酒缸) 예찬」 전문

불편하지만 마주해야만 하는 현실 속에 예기치 못한 충돌과 모순들이 산재해 있다. 우리는 타인의 손에 만들어진 기존의 틀에 삐걱거리며 "모순된 개념"에 혼란을 겪는다. 고대 철학자 플라톤은 우리가 살고 있는 세상을 "이데아 세계의 그림자"라고 말했다. 눈에 보이는 현상 세계를 동굴 벽에 비친 그림자에 비유한 것이다. 그림자만 보고 실체를 판단하기란 쉽지 않다. 「주항(酒缸)」은 예측할 수 없는 "세상의 축소판"이다. 시인은 대상을 인식하는 또 다른 방식을 제안하며 술 항아리에 세상을 펼쳐놓는다. 미생물의 효소를 이용해 유기물을 분해시키는 과정이 발효이다. 이 과정에서 효모의 작용에 의해 알코올이 생긴다. 발효는 좋은 미생물의 작용이지만 비슷한 과정을 겪는 상태에서 아차 하면 부패가 될 수도 있다. "사람들은 생겨나고/ 생겨나 밀리고/ 밀리다 터지고/ 뛰어넘다 터지고/ 맥없이 스러지고/ 그야말로 아우성이다" 일정한 온도, 습도, 산도에 의해 끓어오르고 기포가 터지며 술이 익어가는 것처럼 세상은 소용돌이친다. 전쟁과 난민, 사회적 재난, 태풍과 홍수, 가뭄과 지진 등 부정과 부패로 얼룩진 사회의 한 단면을 연상하게 한다. 그러나 그리 절망적이지만은 않다. 누룩이 들어가야 술이 익듯이 누룩 같은 사람이 있어 세상은 돌아간다. 시인은 "세상은 누룩 술독이다/ 귀 대어 보면/ 수많은 사람들의 소리가 들린다"에서 술이 익어가며 지르는 소리를 삶의 원동력으로 보았다. 소용돌이가 지나면 걸쭉한 영혼으로 가라앉아 정제된 향기로 상에 오른다고 하였다. 이때 상(床)은 소크라테스의 묘한 진리(眞理)를 논쟁하기 위한 세상이다. 동양과 서양의 역사는 8세기경부터는 중간에 있는 아라비아를 통해 간접적으로 교류하던 시기로 구분이 가능하다. 15세기부터는 서양은 동양으로 진출하기 시작했는데 묘한 것은 서로 전혀 몰랐던 고대에 동양과 서양의 역사가 비슷한 진행을 했다는 점이다. 서양 역사상 최초의 철학자인 탈레스를 비롯해 피타고라스, 소크라테스 등의 활동 기간은 동양 사상의 기틀을 놓은 공자, 맹자, 장자 등과 거의 일치한다고 하니 세상의 이치는 참으로 묘하다. 어쩌면 시인은 술 항아리를 예찬한 것이 아니라 막걸리 한 사발에 시름을 잊는 장삼이사들이 어울려 살아가는 주항(酒缸) 같은 삶을 예찬하고 싶었을 것이다.

안개 속에 날아온 화살은
이마에 가슴에 배에 허벅지에 연달아 꽂혔다

온통 몸뚱이는 화살꽂이로 변했다

가슴에서는
붉은 피가 철철 흘러나왔다

피와 함께
내게 담겨 있었던 모든 생각도 빠져나갔다

붉었지만 혼탁한 정의와 거짓
그리고 순결이 뒤범벅되어 밖으로 흘러나왔다

비로소
구멍 난 고무공처럼 쪼그라들었다

밤이 되어
알밤 빠진 밤송이에 이슬 고이듯
영겁의 순리가 하얗게 채워졌다

급기야

완벽한 무채색(無彩色) 하얀 인간으로 변하고 있었다

핏줄이 솟았다
자세히 보니 황금색 핏줄이었다
반짝이는 황금색 줄기를 따라갔다

원시사회(原始社會)였다

평화로웠다
모두들 황금색 시(詩)를 내뱉어 읊고
평화로 웃고 비교(比較)도 없어
미소 지으면 사랑이 되었다

무사(無事) 평안했다
내내

요즘도 가끔씩
황금빛 노다지에 들어간다

–「심전(心傳) 노다지」 전문

시인이 마음으로 전하고 싶었던 것은 "마음의 노다지"였다. 즉, 물질이 아닌 정신적 노다지였다. "안개 속에 날아온 화살은/ 이마에 가슴에 배에 허벅지에 연달아 꽂혔다// 온몸 몸뚱이는 화살꽃이로 변했다// 가슴에서는/ 붉은 피가 철철 흘러나왔다"에서 보여주는 것은 적에게 포위된 패잔병의 모습이다. 급기야 화살꽃이가 되어버린 처참한 모습이다. 이 싸움은 보이지 않는 다수와 표적이 된 소수가 벌리는 불리한 싸움이다. 각박한 현실에 노출되고 방치된 모습이다. 가슴에서는 붉은 피가 철철 흘러나오고 생각도 빠져나갔다. 분명 붉은 피라고 믿었는데 혼탁한 정의와 거짓이 섞여 있었다. 얽히고설킨 세상살이의 모습이다. 다 빠져나간 자리에 순리(順理)가 하얗게 채워진다. 루소는 인간다운 삶을 회복하기 위해 사회적인 제약에서 벗어나 자연으로 돌아가자고 하였다. 「심전(心傳) 노다지」에서도 시인은 원시사회(原始社會)를 동경하고 있다. 노다지가 무엇인가 했더니 황금색 시(詩)였다. "문학은 유용한 것이 아니기에 인간을 억압하지 않는다"고 했다. 억압이 없는 세상으로 시인은 황금빛 노다지를 캐러 들어간다. 시를 쓰는 시간만큼은 평안한 시간이며 세상 때를 벗어버린 순백의 시간이다. 적어도 시인에게 시의 존재란 황금만큼이나 소중한 것이다. 시인이 갈망한 유토피아는 피비린내 나는 삶의 전쟁터에서 빠져나와 "물질의 가치"보다는 "정신의 가치"를 귀히 여기는 참된 세상이었다.

눈을 뜨니 일장춘몽(一場春夢)이었다

밤새 꽃향기와 미세먼지의 밀고 밀리는
치열한 공중전(空中戰)
꽃향기는 패자가 되어
희뿌연 회색빛 도시에 눌려
신음하고 있다

스멀스멀 접근하는 적들에
꽃들은 힘없이 스러지고
거무스레한 미세먼지의 장막이 쳐지고 있다

덩치 큰 높은 빌딩도 힘 한번 써보지 못하고
점령군 앞에 엎드려 있다

어제 결근했던 해는 여전히 얼굴을 드러내지 않고
오늘도 결근할 모양이다

겨우 맥만 뛰고 있는 하찮은 꽃들만
바닷속 수초처럼
힘없이 향(香) 기포(氣泡)를 내뿜어 올리고
전쟁은
모두 투항하는 분위기다

－「점령군 미세먼지」 부분

미세먼지는 여러 복합한 성분을 가진 대기 중 부유 물질이다. 대기오염물질이 공기 중에서 반응하여 형성된 덩어리이다. 크기가 10 마이크로미터 이하의 작은 먼지 입자들이라 눈에 보이지 않는다. 대기 중에 떠다니다가 호흡기를 거쳐 폐에 침투하거나 혈관을 따라 체내로 이동하여 건강을 위협한다. 즉, 보이지 않는 위험한 적이다. 육안으로 볼 수 없는 작은 입자들이 국경을 넘어온 황사에 섞여 하늘마저 부옇게 덮어 일상생활을 마비시킨다. 난민과 전쟁과 테러가 그치지 않는 어지러운 세상도 마치 미세먼지에 포위당한 꼴이다. 권형원 시인은 미세먼지를 통하여 우리의 목숨을 위협하는 불가항력의 존재들에 대하여 말하고 있다. 정체를 드러내지 않는 거대한 배후, 싸워야 할 대상도 모른 체 속수무책 당해야 하는 사회적 약자들, 권력을 남용하는 절대적 존재들, 자신의 이익을 위해 부정과 부패를 일삼는 사회악에 대한 항변이다. 투항만이 살길이라고 입을 닫고 무릎을 꿇는 사회적 풍조에 대한 일침이다. 카뮈는 부조리를 의식하며 살아가는 인간, 즉 깨어 있는 의식을 가진 인간이란 뜻으로 부조리 인간(l'homme absurde)에 대해 언급했다. 혼탁한 세상에서 우리의 의식은 깨어있는가. 시집의 표제작이기도 한 「점령군 미세먼지」는 타인의 고통에는 무관심한 세상 풍조에서 "우리의 의식은 깨어있는가"라고 묻고 있다. 권형원 시인이 이 작품을 표제작으로 선정한 이유는 무엇일까. 분노할 줄 모르고 행동할 줄 모르는 안전 불감증이 만연해가는 이 시대를 향한 "메시지"가 아니었을까. 이처럼 시인은 "사회적 시선"에 초점을 맞추며 감정을 억제하고 사건 속으로 들어가 개입한다. 자신의 감정에 침몰하지 않고 환경의 유속에 휩쓸리지 않으며 냉정한 시선으로 기록하고 전달하는 것이다. 아래 예시된 「그래도 나무 심는 사람이 있다」에서도 그가 가진 "사회에 대한 시선"을 확연하게 보여주고 있다.

못 봤다
존경하는
손경받는

없다
존경할
존경받을
상대는 있다
대상은 없다

배려는 없다
흠과 약점은 있다
넘길 생각은 있다
일으킬 마음은 없다

발밑을 공략하여
비탈진 쪽으로
밀어 넘어뜨린다

다행히
주위에는 나무를 심는 사람들이 있다

–「그래도 나무 심는 사람이 있다」 전문

역대 대통령들은 왜 피살되고 쫓겨나야 하고 자살해야 하고 감옥에 가야 하는가. 존경받는 위치에서 왜 어느 날 바닥으로 추락해야만 하는가. 권형원 시인은 "짧은 시" 한 편으로 우리가 당면한 현실을 신랄하게 보여주고 있다. 그동안 믿었던 지도자들은 기대만큼 우리에게 실망을 안겨주었다. 목숨을 바쳐 나라를 구한 애국지사나 장군이나 위대한 정치가는 이제 만날 수가 없는 것인가. 시인은 단호하게 "못 봤다"라고 못을 박는다. 뒤집어 말하면 간절하게 "보고 싶다"는 말이다. 권형원 시인은 이 시대가 가진 문제점을 지적하고 우리의 "나태한 의식을 환기"시킨다. 그러나 희망은 있다. 사과나무를 심는 스피노자 같은 사람들이 주변에 있기 때문이다. 사과나무란 심은 지 몇 년이 지나야 과실을 거둘 수 있다. 그러므로 "내일 지구에 종말이 오든, 오지 않던, 개의치 않고 인간은 인간으로서 마땅히 지켜야 할 의무와 책임을 묵묵히 수행해야 한다"라는 의미로 풀이된다. 이것이 인류의 마지막 희망이다. 시인이 밥이 되지 않는 시를 "노다지"라고 믿었듯이, 그런 세상이 올 것이라고 희망 하나를 나뭇가지에 걸어두었다. 인류의 정신을 배양하는 것은 "오직 문화"라고 하였듯이 세상에 "나무를 심는 사람들"이 오늘도 책상 앞에 글을 쓰고 있어 아직 세상은 살 만한 것이다. 권형원 시인이 보여준 치열한 싸움과 고뇌는 우리에게 "삶의 의지"를 고무시키며 "삶의 방식"을 제안하는 사랑이었다.

◎ 알아두면 도움 되는 곳

자생의료재단	동부제일병원
신준식명예이사장 1577-0007	홍정용이사장 02-437-5011

법무법인 세승	하나로의료재단
김선욱대표변호사 02-3477-2131	권혜령이사장 02-590-1111

한길안과병원	인천한림병원
정규형이사장 1577-7117	정영호원장 032-540-9114

창원 청아병원	동군산병원
최재영이사장 055-230-1500	이성규이사장 063-440-0300

청연한방병원	광주강남 요양병원
이상영원장 1577-8020	이경준원장 062-601-9000

베스티안병원
김경식 이사장 043-910-7575

◎ 알아두면 도움 되는 곳

편강한의원	삼정행정사 사무소
서효석원장	대표 임종규
02-518-7777	02-447-3032

김유광정신건강의학과의원	한국의료재단
김유광원장	문관식대표
02-322-0082	02-1544-2992

오산한국병원	천안충무병원
조한호원장	이지혜이사장
1566-3534	041-570-7555

전주 본병원	늘푸른 요양병원
김규환원장	박종안이사장
063-220-0300	063-247-0301

지혜병원	조이엠지
이지혜원장	명동섭대표
02-499-9955	02-540-0324

법무법인 LK PARTNERS
이경권 대표변호사
02-565-9801

그림과책 시선 195

절령군 미세먼지

1쇄 발행일 _ 2019년 9월 18일
2쇄 발행일 _ 2019년 10월 17일
3쇄 발행일 _ 2020년 1월 15일

지은이 _ 권형원
펴낸이 _ 손근호

펴낸곳 _ 도서출판 그림과책
출판등록 2003년 5월 12일 제300-2003-87호

03030 서울 종로구 통일로 272, 210호(송암빌딩)
도서출판 그림과책
전화 (02)720-9875, 2987 _ 팩스 (02)720-4389
도서출판 그림과책 homepage _ www.sisamundan.co.kr
후원 _ 월간 시사문단(www.sisamundan.co.kr)
E-mail _ munhak@sisamundan.co.kr

ISBN 978-89-94753-94-2(03810)

값 12,000원

이 도서의 국립중앙도서관 출판예정도서목록(CIP)은 서지정보유통지원시스템 홈페이지(http://seoji.nl.go.kr)와 국가자료공동목록시스템(http://www.nl.go.kr/kolisnet)에서 이용하실 수 있습니다. (CIP제어번호 : CIP2019035205)